F. Ludwig

Der Schauspielerverein und die Theaterschulen

Heft II.

F. Ludwig

Der Schauspielerverein und die Theaterschulen
Heft II.

ISBN/EAN: 9783743644601

Hergestellt in Europa, USA, Kanada, Australien, Japan

Cover: Foto ©ninafisch / pixelio.de

Weitere Bücher finden Sie auf **www.hansebooks.com**

Der Schauspielerverein und die Theaterschulen.

Von

F. Ludwig.

Heft II.

Aus: „Neue Allgemeine Zeitschrift für Theater u. Musik."
NNr. 23 ff.

Leipzig.
Verlag von Paul Rhode.
1867.

VI.

Im Verfolge der mir gestellten Aufgabe komme ich nun zur **Organisation der Theaterschulen**. In dem die Organisation der Musikschulen betreffenden und gründlich erschöpfenden Aufsatze des geehrten Redacteurs dieses Blattes finde ich auch bereits für die dramatischen Schulen bestimmte Grundzüge gegeben. Wenn Herr **Yourij von Arnold** am Schlusse seines Aufsatzes bemerkt, dass er die Behandlung der dramatischen Schulen gerne einem Besseren überlässt, und dabei auf mich verweist, so fühle ich mich dadurch zwar sehr geschmeichelt, muss aber das vorausgenommene Urtheil meines verehrten Freundes bescheidentlich der weiteren Bestätigung überlassen. Indem ich mich bei der Lösung meiner Aufgabe auf die in jenem Aufsatze bereits gegebene Basis stelle, glaube ich die beste Antwort auf seine Apostrophe zu geben.

Die Nothwendigkeit der Theaterschulen habe ich in dem Vorhergehenden genügend dargelegt und ich werde deshalb nur wenig hinzuzufügen haben. Auch darüber, was die Einrichtung der Schulen anbelangt, habe ich schon an diesem Orte kurze Umrisse gegeben, die ich nur weiter auszuführen unternehme.

Die Schule ist nothwendig zur Verbannung des Dilettantismus von der Bühne, zur Bildung eines wahrhaften Künstlerstandes, wie ihn die eigenthümliche Ausübung der dramatischen Kunst, welche auf dem einheitlichen Zusammenwirken vieler Einzel-Individuen beruht, ganz besonders erfordert. Die Schule soll die Würde der Kunst wieder herstellen bei den Künstlern und folgerichtig auch bei dem Publicum; sie soll Kräfte heranziehen, die ihr bis jetzt entgingen, weil sie nicht durch bestimmte hohe Ziele gefesselt wurden; sie soll die Masse der Schmarotzer, welche den stolzen Leib der Kunst aussaugen, abstossen und neu erblühen machen. Erst eine Schule wird der heutigen Bühnenmisere vollständig abhelfen können. Wer nicht blind ist für alles Schöne, wer in der Kunst etwas anderes sucht als blosses Vergnügen und niederen Sinnenreiz, der wird es gar schmerzlich empfinden, wenn er die Bühne zum Tummelplatz des

Zufalls und der Laune erniedrigt sieht, auf welcher sich jeder Einzelne nach Willkür und seiner untergeordneten Empfindungsfähigkeit gemäss breit macht, durch kein anderes Band mit dem Ganzen verbunden als durch den Rahmen der Bühne und die Schranken, welche der Dichter durch sein Wort setzt. Eine innere Zusammengehörigkeit, die Harmonie der Theile, welche erst ein Kunstwerk macht, ist nicht zu gewahren; so wird der heilige Schein der Kunst zum Deckmantel der Unnatur und tiefschneidender Frivolität benutzt.

Es ist unbegreiflich, wie anspruchslos unser Publicum ist, es besitzt durchaus keinen Maassstab zur Beurtheilung darstellender Kunst, und wird dabei auch von denjenigen im Stiche gelassen, die dafür wirken sollten: von der Presse, von der Intelligenz, von der Wissenschaft. Der deutsche Geist, welcher durch seine specifische Gründlichkeit so berühmt und berüchtigt ist, hat auf diesem Felde so gut wie nichts gewirkt. Was auch über die dramatische Kunst gedacht und niedergeschrieben worden ist, es ist einmal sporadisch verstreut, anderntheils so stiefmütterlich und nebenbei behandelt, das es nur für wenige zugänglich ist und selten erwärmend wirkt. Die meisten Kunstphilosophen haben selbst keinen **Maassstab** für die Leistungen der dramatischen Kunst und der Einzige, welcher die Schauspielkunst in einem gründlichen Systeme abgehandelt hat, Dr. H. Th. Rötscher, wird nicht gelesen, ja nicht einmal von seinen Collegen gebührend beachtet. Man kann zwar vom grossen Publicum nicht verlangen, dass es sich in das streng-wissenschaftlich gehaltene Werk vertieft, aber die Vermittler des guten Geschmackes, die Vertreter der Presse, könnten sich daraus Rath erholen und die gewonnenen Schätze dem Publicum zugänglich machen. Rötscher's Werk über die Schauspielkunst steht einzig und unerreicht da und eine bessere Zeit wird es gebührender würdigen. Ein trauriges Zeichen bleibt es aber, dass jenes Werk in den bald dreissig Jahren seit seinem Erscheinen keine grössere Wirkung machen konnte.

Es ist eigenthümlich, dass wir aus dem Schutt der Jahrhunderte die Schätze der Wissenschaft und des Schönen so muthig und ausdauernd hervorgeholt haben, dass wir heute noch die Erde durchwühlen, um die Spuren des grossen untergegangenen Lebens zu finden, dass wir bis heute bewundernd und lernend davor stehen. Aber sind uns nicht aus jener Welt auch die beredtesten Beweise aufbewahrt von der Bedeutung der dramatischen Kunst in dem Leben der antiken Völker? Was haben wir davon gelernt!? Unsere Bühne ist nie weiter von dem überkommenen Ideale entfernt gewesen als heute! Es klingt ganz sonderbar für uns, wenn wir lesen, wie die Schauspieler zu jener Zeit, selbst bedeutende und hervorragende Männer, die Freunde der Grossen waren und von diesen mit allen bürgerlichen Ehren überhäuft, selbst als Gesandte und Feldherrn ausgezeichnet wurden; wie sie ihre Künstlerschaft durch Arbeit und Studium errangen, und wie das Publicum ein so kunstgebildetes war, dass es von ihm als Störung der künstlerischen Wirkung empfunden wurde, wenn der Schauspieler einen Vers verunstaltete und wäre es auch nur durch Unterdrückung eines Hauches gewesen. Ein Volk, welches für das geistigste Element der Kunst, die Sprache, so zart empfand, muss ein grosses und edles sein, von dem wir immer lernen können. Wenn wir damit vergleichen, wie die Sprache heute verunglimpft wird, was wir von unserer Bühne herab für barbarische Laute hören müssen, der wird meinen Ruf nach Abhilfe gern unterstützen.

Wenn wir auch von unseren Schauspielern nicht verlangen, dass sie sich als Feldherrn oder als Gesandte hervorthun, so müssen wir doch darauf dringen, dass sie sich in das Wesen ihrer Kunst vertiefen, dass sie sich der Bedeutung ihrer Aufgabe bewusst werden und der Mittel zu ihrer Ausführung; Künstler wollen wir, die Willkür muss von der Bühne verbannt werden, die Schauspieler müssen die Pietät wieder gewinnen für ihre Kunst und für die Dichterwerke.

Unsere Weisen, die so gern in allen Gebieten des Wissens und des Denkens auf die alten Völker zurückgreifen und sich auf ihre Autorität stützen, scheinen nur in Rücksicht auf die dramatische Kunst nichts von den Alten gelernt zu haben, sonst würden sie bei der Einsicht von der Bedeutung derselben für das Leben der Völker, nicht so theilnamslos dem planlosen Treiben zusehen. Nur eine Schule kann diesem Unwesen steuern, und nirgends ist eine solche nothwendiger als in der Schauspielkunst, besonders heute, wo die Masse der Personen, welche die Darstellung beansprucht, nur zu sehr geeignet ist dem Unberufenen ein Recht zu geben. Die Schule allein kann den Widerspruch zwischen dem Bedürfniss und dem Stoff, aus welchem es befriedigt werden muss, ausgleichen. Die Natur schafft nicht so viele bedeutende Talente, die nöthig wären, um ein Drama auf den verschiedenen Bühnen in allen Theilen einheitlich zur Darstellung zu bringen. Die Schule wird die Kluft ausgleichen zwischen den mittelmässigen Talenten und dem Genie, sie werden beide in den Dienst des Ganzen treten und das Virtuosenthum wird verschwinden. Auch der Umstand, dass das Theater ein tägliches Bedürfniss geworden ist und schon dadurch grösseren Aufwand von einzelnen Künstlerkräften beansprucht, macht die Schule nothwendig. Sie allein kann dem Schauspiel wieder die Weihe zurückgeben, die es z. B. bei den Festen der Griechen hatte, wir werden dann wieder ins Theater gehen können, um uns zu erheben und zu begeistern. Wie kann man aber heute erhoben und begeistert werden, wo „die Handlanger der Natur" den Tempel der Kunst entweihen. Wer nicht selbst erhaben empfinden kann, wer nicht selbst dem Geiste und der Wahrheit dient, kann auch Anderer Herz und Geist nicht rühren.

Wer die lebendigen Wirkungen der Bühne kennt, wird nimmer läugnen können, dass sie ein mächtiges Bildungs- und Erziehungsmittel für den Menschen ist. Ebenso wie sie die Sitten verderben kann, ebenso kann sie dieselben bilden und veredeln. Von der Bühne herab sprechen die Besten der Nation zu ihrem Volke, das geistige Leben wird ihm durch seine Dichter vermittelt, wie es nicht eindringlicher auf andere Art geschehen kann. Die Bühne ist also durchaus kein so gleichgültiges Institut, für welches es heute angesehen wird. Es ist durchaus von Wichtigkeit, welcher Mund das Wort des Dichters vermittelt. Der Schauspieler ist die Offenbarung des Dichters. Gott wählte sich nur den Gläubigen zum Propheten; wer selbst nicht glaubt, kann Andere nicht glauben machen! — Der Schauspieler muss ein würdiges Gefäss werden für den Geist des Dichters; dass er es heute in seiner überwiegenden Mehrzahl nicht ist, steht fest.

Aus dieser Betrachtung ergiebt sich von selbst, worauf die Schule ihr Hauptaugenmerk zu richten haben wird. Yourij von Arnold spricht es auch schon in seinem Aufsatze über Musikschulen aus, wenn er sagt: „Das Wich„tigste für den schaffenden Künstler ist „— bei steter Voraussetzung der dazu „erforderlichen technischen Vorstudien „— die reichere Entfaltung der geistigen „Anlagen zu erzielen, weil nur aus sol„cher allein uns die richtige Kunstan„schauung, und wiederum aus dieser das

„richtige Verständniss sowohl der Auf-
„gaben der Kunst als auch der anzuwen-
„denden technischen Mittel zu erblühen
„vermögen."

Nach diesen einleitenden Bemerkungen gehe ich zu meinen Vorschlägen zur Organisation der Theaterschulen über.

VII.

Was auch bis heute über die Art der Organisation der Theaterschulen gesagt worden ist, Ed. Devrient's Vorschläge zur Bildung derselben werden immer zum Ausgangspunct einer jeden derartigen Unternehmung dienen müssen, und mehr oder weniger hat sich jeder, der sich in unserer Zeit darüber vernehmen liess, an die von demselben so klar und übersichtlich gegebenen Umrisse gehalten.

Auch ich bekenne mit Freuden, dass ich es mir zur Aufgabe gemacht, nur das von Ed. Devrient begonnene Werk auszuführen. Nur auf der von ihm gegebenen Grundlage will ich fortarbeiten und wo ich gezwungen bin, hinzuzusetzen oder wegzunehmen, wird es blos durch die veränderten zeitigen Verhältnisse und den den Theaterschulen vorausgesetzten Schauspielerverein bedingt sein.

Wenn ich auch im Princip mit Ed. Devrient darin übereinstimme, dass das Theater eine Staatsanstalt werden, wenigstens die Anerkennung seiner Bedeutung als Bildungsmittel, wie die Universitäten, Akademien u. dergl. beanspruchen muss, so gehe ich doch von der Ueberzeugung aus, dass der Augenblick noch nicht da ist, wo die Einmischung der Staatsregierung erwartet werden darf, und wenn sie doch erfolgte, auch erspriesslich werden könnte. Bis heute sieht die Staatsregierung das Theater nur als eine Vergnügungsanstalt an, deren wohl erkannte grosse Wirkungen meistens zu dem unlauteren Zwecke benutzt werden, das immer mehr erwachende politische Bewusstsein des Volkes in untergeordneten Leidenschaften zu ersticken. Würde sich die Bühne ihrer Bedeutung bewusst sein, würde sie ihre Macht rein und lauter gebrauchen können, dann müsste sie ein grosser Factor im politischen Leben der Völker sein und die jeweilige Staatsregierung würde sich ihrer ausgesuchtesten Pflege nicht entziehen können. Welche Stellung das Theater heute einnimmt, geht ganz deutlich aus seiner Unterordnung unter den Polizeiressort und aus den leitenden Rücksichten bei Verleihung der Theaterconcessionen hervor. — Doch darüber ist bereits genug gesprochen! —

In einem Rechtsstaate besitzt jeder Einzelne den nöthigen Raum zu seiner Entwicklung, und je nach derselben macht sich der Staat den Einzelnen dienstbar. Die Staatsregierung ist nur der Ausdruck des Gesammtwillens, es können also in keinem Staate Institutionen gegeben werden, die nicht vorher als das Bedürfniss einer quantitativen oder qualitativen Majorität empfunden worden sind. So spricht wenigstens unser modernes Bewusstsein, so befinden wir uns auf dem Boden der natürlichen Entwickelung, und nur auf diesem können wir bauen, unbekümmert um die Zufälligkeiten, welche die Geschichte der Staaten berühren.

Der ganze Fortschritt des Menschengeschlechtes beruht auf dem sich immer allgemeiner ausbreitenden Bewusstsein von der Aufgabe des menschlichen Daseins; jeder Fortschritt auf irgend einem Gebiete der menschlichen Bestrebungen beruht auf der Ausbreitung derselben von Wenigen auf Mehrere. Diese Ausbreitung, ihr Sieg, entscheidet über ihre Aufnahme von Seiten des Staates: **der Staat ist nur das Gewordene, er kann also selbst nicht das Werden bestimmen.**

Auf unsere Kunst angewendet heisst es: wir können vom Staate nicht eine bestimmte vollendete Form für die Verwaltung des Theaters beanspruchen, bevor nicht der entsprechende Inhalt geboten werden kann. Eine so vorzeitige Einmischung der Staatsregierung könnte immer nur eine einseitige Beeinflussung sein, die der freien Kunstentwickelung wiederspräche.

Der „Schauspielerverein" hat die Aufgabe, das Wesen der Schauspielkunst unter den Ausübenden derselben, so wie beim Publicum in voller Reinheit ins Bewusstsein zu bringen; hier werden die Einzelnen ihre Macht über die Vielen erproben können. Ueber die Mittel zur Erreichung dieses Zweckes habe ich mich bereits ausgesprochen. Aus dem Schauspielerverein werden nothwendig die Theaterschulen hervorgehen: die Schauspieler werden sich selbst ihre Würde geben, und bleiben sie der Aufgabe ihrer Vereinigung treu, so wird ihnen der Schutz des Staates für ihre Bestrebungen nicht vorenthalten werden können; denn der Staat macht nur das, was ihm mit einer bestimmmten Selbstständigkeit und Reife entgegentritt, zu einem Factor seiner Rechnung; der Staat kann nicht erziehen, er kann nur einschränken, und indem er dadurch ein kräftiges Individuum zu reagiren veranlasst, entfaltet er die Kräfte desselben, während er das minder kräftige unterdrückt.

Ich glaube hiermit meine Bedenken gegen die Erwartungen auf eine Reorganisation des Theaters von Staatswegen begründet zu haben. Es soll daraus hervorgehen, dass die Staatsregierung selbst mit dem besten Willen nicht im Stande sein würde zu helfen. Welcher schwerfällige Apparat*) müsste in Bewegung gesetzt werden, um die nöthigen Reformen auszuführen, und bei aller Ehrlichkeit würde die Regierung nicht den Schein der Willkür und wirkliche Beeinflussung nach der jeweiligen politischen Strömung vermeiden können. Alles was die Staatsregierung augenblicklich thun kann, besteht in der Beschränkung der Theaterconcessionen auf befähigte Bewerber: nicht der Geldsack entscheide, oder die Protection eines Stadtrathes, der von der Bedeutung der Bühne mehr als untergeordnete Begriffe hat. Man ertheile nur wohl qualifizirten Bewerbern eine Concession, selbst auf die Gefahr hin, dass eine

---

*) Ich erinnere hier an die „Theater-Regulative" von G. Hübner; das Schriftchen zeigt deutlich zu welchen Consequenzen die zwar wohlgemeinte aber einseitige Principienhetze führt. — Erst bleibt noch anderes zu thun und dann werden wir mit einfacheren Mitteln dasselbe erreichen, was hier mit vielfach complicirten Apparaten bewerkstelligt werden soll.

Stadt einmal ohne Theaterdirector bleibe; dadurch werden die Gemeinden zur besseren Wahrung der Theaterinteressen aufgerüttelt werden und damit geschähe ein grosser Schritt vorwärts.

Wir werden also bei Begründung der Theaterschulen nicht auf die Initiative der Staatsregierung warten dürfen, was auch Ed. Devrient in seiner Schrift über die Theaterschulen nicht vorauszusetzen scheint, wenn derselbe auch später in seinem „Nationaltheater" die Verwandlung der Theater in Staatsinstitute fordert. Die Nothwendigkeit erkenne auch ich an; nur scheint mir erst anderes, von mir bestimmt Gefordertes vorausgehen zu müssen.

Nach Erledigung dieses Punctes handelt es sich darum, das Verhältniss der Theaterschulen zu den Bühnen der Städte, in welchen sich solche Schulen befinden, festzustellen. Mit Ed. Devrient übereinstimmend, erkenne auch ich es für erforderlich an, dass die Schulen mit den jeweiligen Bühnen insofern in Beziehung stehen, als sie den Nachwuchs zu liefern haben. Es muss den Eleven, welche die Vorbereitungsschule zur Zufriedenheit absolvirt haben, Gelegenheit geboten werden, ihre Fähigkeiten auch öffentlich zu erproben. Die Schule selbst aber muss vollständig unabhängig von der Theaterdirection bleiben. — Der Schauspielerverein, welcher die Schulen begründen soll, wird natürlich auch die Leiter derselben ernennen und diese werden nur der Verwaltung des Vereines verantwortlich sein. Sobald der Verein so weit erstarkt ist, dass er an die Begründung von Schulen denken kann, wird er erst in einigen grösseren Städten damit vorgehen, wobei die Verwaltung eine strenge Controlle üben muss. — Die Eleven haben ein erst näher zu bestimmendes, möglichst billiges Honorar zu entrichten; nur erwiesene Armuth bei ausgesprochenem Talente berechtigt zur unentgeltlichen Aufnahme; jedoch ist der Betreffende zu verpflichten, das für die Schule entfallende Honorar abzuzahlen, sobald er durch dieselbe in den Stand gesetzt worden ein Engagement annehmen zu können. — Ebenso hat jeder Eleve die Verpflichtung einen mässigen Procentsatz von seiner ersten Jahresgage an die Vereinscasse abzuliefern; das daraus gezogene Capital fliesst in den Tilgungsfond für den zur Gründung und Einrichtung der Schulen von dem Vereine gemachten Aufwand. Der Verein wird nämlich, sobald sein Vermögen entsprechend angewachsen, die Hälfte desselben zur Gründung von Schulen verwenden. Das Honorar der Eleven soll die Erhaltungskosten decken und das Anlagecapital verzinsen, bis der Tilgungsfond den betreffenden Zufluss erhält, was freilich erst im vierten Jahre von Eröffnung der Schule an zu erwarten steht.

Ich werde zum Schluss noch einen beiläufigen Kostenanschlag für die Verwaltung des Vereines und die Erhaltung der Schulen, dem gegenüber die wahrscheinlichen Einnahmen beider aufstellen, woraus zu ersehen sein wird, dass der Ausführung meiner Vorschläge auch durchaus keine finanziellen Bedenken entgegenstehen. —

Ich habe hier noch zu bemerken, dass ich überall, wo ich von Theaterschulen spreche, auch die Ausbildung für die Oper inbegreife, insbesondere was den dramatischen Vortrag anbelangt. Nirgends ist das Vorurtheil der natürlichen Anlagen beharrlicher gepflegt worden als bei den Opernsängern. Sie glauben mehr als jeder andere Bühnenkünstler das Privileg zu haben, durch untergeordnete Gesangsroutine und das Verläugnen jeder geistigen Vertiefung und vernünftigen Erfassung ihre höchst zweideutigen künstlerischen Erfolge zu erringen. Dessbalb ist es aber auch einem halbwegs feinfühlenden und logisch denkenden Menschen fast unmöglich heut zu Tage eine Oper zu hören und zu sehen, denn man erinnert sich dabei unwillkürlich an die bekannte Definition der Oper: „was zu dumm ist gesprochen zu werden, das wird gesungen." — Wer aber von dem musikalischen Drama andere Vorstellungen hat, der wird es sehr bitter empfinden, wie der Zauber der Musik und die Gewalt der dramatischen Kunst missbraucht werden, dass man geradezu die Parodie des hehren Dramas zu erblicken glaubt, in dem sich die Tiefe der musikalischen Empfindung und der dramatische Ausdruck zu der höchsten Lebensäusserung verbinden sollen. — Der Grund dieser Calamität liegt in der Mangelhaftigkeit des dramatischen Gesangsunterrichtes, der in zahllosen Methoden nur die gewöhnlichste Gesangsroutine bezweckt und von der höheren Ausbildung der Sänger zum Kunstverständniss, speciell zum dramatischen Vortrag, gänzlich absieht. — Ich kann hierbei nur auf das verweisen, was Yourij von Arnold in diesen Blättern über das Bedürfniss der Reorganisation des dramatischen Gesangsunterrichtes als Fachmann dargelegt hat, und will hier nur nachweisen, inwieweit die Opernsänger an den Theaterschulen theilzunehmen haben.

Die Ausbildung für die Oper muss mit der Theaterschule eng verbunden sein; der Opernsänger muss verpflichtet sein, denselben Bildungsgang durchzumachen wie der Schauspieler: nur so kann die allgemeine Geschmacksbildung gehoben und können die Leistungen der Bühne überhaupt in die Uebereinstimmung gebracht werden, welche zu einer gedeihlichen Entwickelung nothwendig ist. Die Ausführung der näheren Details in Betreff der Opernsänger kann ich erst bei Aufstellung des Schulprogramms geben.

Es bleibt mir noch ein wichtiges Moment zu erörtern, welches in der Abtheilung für Declamation und Rhetorik wohl zu beachten ist.

In unserer Zeit, in welcher sich das parlamentarische Leben erst recht zu entwickeln scheint, tritt an den Einzelnen die gebieterische Forderung heran, seine Fähigkeiten auch nach dieser Seite hin zu entwickeln. Es scheint mir ernstlich geboten, bei der Erziehung der Jugend auch auf diese Forderung des öffentlichen Lebens ein besonderes Augenmerk zu richten. Wie arg die Redekunst in unserer Zeit darniederliegt, davon können wir uns bei jeder Gelegenheit, die öffentliche Redner verlangt, überzeugen. Ich erinnere an die Parlamente, an die Hörsäle, an die Kanzeln u. s. f. — In den meisten Fällen wirkt dort nur das Amt, die Autorität, nicht der Inhalt, nicht der Schwung des Ausdrucks. Weder das Herz noch der Kopf erhält Befriedigung und die Folge davon ist, dass wir uns — wenn uns nur nicht äussere Rücksichten zwingen — — sobald als möglich dergleichen Exercitien entziehen. Welche Wirkung z. B. soll ein näselnder und sinnlos agirender Pastor auf unsere Sinne, die ja doch vermitteln müssen, üben; er verdankt es nur dem Ort und seinem Amte, dass er nicht der Lächerlichkeit anheimfällt. Auch hier können wir von den alten Völkern, auf die unsere Professoren ja sonst so gern zurückweisen, lernen. Welche Harmonie zwischen Form und Inhalt, welcher ausgebildete ästhetische Sinn! Bei uns wird zwar auch viel darüber geschrieben, aber in praxi sind wir weiter davon entfernt als je. Wo sind in unserer Zeit die Männer, die wie Demosthenes sich auf ihr Redneramt durch Ueberwindung der individuellen Zufälligkeiten mit eiserner Beharrlichkeit vorbereiten? Heute glaubt jeder „reden" zu können, der eine Stimme hat! — Auch die körperliche Beredtsamkeit und die „ästhetische Gymnastik" verdienten grössere Aufmerksamkeit als Bildungselemente. Wie wenig Menschen giebt es, die sich frei und edel bewegen können? —

Wie peinlich berührt uns z. B. der Anblick eines schönen Mädchens, welches uns in der Ruhe zur Anbetung hinreissen könnte, sobald es aber in Bewegung ist, sogleich allen Eindruck der Harmonie und Schönheit verwischt. Sehen wir uns auf der Strasse um: welche Gangarten, wie wird das Ebenmaass der Glieder verschoben, die Einheit der Theile aufgelöst. Unsere Turnschulen sind durchaus keine Abhülfe dafür, sie gehen zu sehr auf die Kraftentwickelung, anstatt auf die ästhetische Ausbildung, auf die Bildung des Formensinnes.

In Erwägung also der allgemeinen Wichtigkeit der ästhetischen Ausbildung der Sprache und der körperlichen Bewegungen, der Rhetorik in ihrer Bedeutung für das politische Leben der Völker — ihre Ausbildung ist ein Zeichen der Freiheit! — der ästhetischen Gymnastik als Hebungsmittel des Kunstgeschmackes und als Mittel zur Veredelung des Geschlechtes, soll die Theaterschule in ihrer Abtheilung für „Rhetorik" und „Aesthetische Gymnastik" für jedermann zugänglich sein, sie soll ausdrücklich alle diejenigen, die sich im öffentlichen Leben zu bethätigen gedenken, dazu auffordern, zur Vollendung ihrer Erziehung die Ausbildung nach jener Seite zu berücksichtigen.

Nach unserer Meinung müsste auf jeder höheren Lehranstalt die Gelegenheit dazu gegeben werden; so lange diese aber anderwärts mangelt, soll sie im allgemeinen Interesse und speciell im Interesse der Kunst selbst in einer besondern Abtheilung der Theaterschule allgemein zugänglich gemacht werden.

Ich behalte mir vor auf diesen Punct noch einmal zurückzukommen.

VIII.

In meinem letzten Artikel habe ich zu beweisen gesucht, dass die Organisirung von Schauspielerschulen nicht auf die Anregung der Staatsregierung warten darf, dass sie von der zur Wahrung der Kunstinteressen sich zu bildenden Schauspielervereinigung wird ausgehen müssen.

Wenn ich mich hier weiter auf die Organisation der Schulen einlasse, so geschieht es immer in Rücksicht auf die Schwierigkeiten, welche die eigenthümliche Herausbildung derselben aus dem Künstlerstande selbst unbedingt darbietet. Es handelt sich dabei vorerst darum die möglichen Anfänge herauszufinden, welche den Keim der vollständigen Entwickelung enthalten. Ich werde also einerseits in manchen Punkten vorgreifen und andererseits manches der weiteren Entfaltung überlassen müssen, zufrieden damit, wenn es mir gelingt eine feste

Grundlage für den Ausbau des erforderlichen Gebäudes zu geben. —

Ich habe mich bereits dahin ausgesprochen, dass in den Theaterschulen sowohl Opernsänger als Schauspieler ausgebildet werden sollen. Es wäre also wünschenswerth, wenn der Director einer solchen Schule ausser seiner hervorragenden Kenntniss der dramatischen Kunst auch das nöthige Musikverständniss hätte, um seine Autorität neben dem speciell für die Leitung des Gesangsunterrichtes angestellten Dirigenten bewahren zu können und so die einheitliche Leitung des Institutes nicht zu gefährden.

Der Vorstand der Theaterschule müsste bestehen aus:

1) Einem **Director**, welcher dem Vorstande des Schauspielervereines verantwortlich ist.

2) Einem **Dirigenten für die musikalische Abtheilung**;

3) Einem **Inspector** und einer **Inspectrice**, welche zugleich dem Lehrkörper angehören müssen.

Auch der Director wird einen entsprechenden Theil des Unterrichtes übernehmen müssen.

Der Musikdirigent, der Inspector und die Inspectrice bilden zugleich den **Beirath des Directors**.

Diesen stehen noch zur Seite zwei Lehrer, welche sich ausschliesslich der Anstalt zu widmen haben, und sind ausserdem nach Bedarf, etwa für Tanz- Turn- und Fechtunterricht, so wie für die eigentliche Darstellungskunst, geeignete Persönlichkeiten unter den Bühnenmitgliedern des Theaters der Stadt, in welcher sich eine Schule befindet, zu wählen. Ueberhaupt wird sich der Lehrkörper so viel wie möglich aus den Künstlern rekrutiren müssen. Die Gründe dafür werden sich leicht aus dem Folgenden ergeben.

Natürlich wird sich der Aufwand an Lehrkräften nach dem Umfang der Anstalt, nach der Zahl der Eleven richten müssen. Mit den hier geforderten Mitteln lässt sich schon ganz bedeutenden Ansprüchen genügen.

Jede Schule muss ausser den Räumen für den Unterricht und für die Uebungsbühne soviel Localitäten haben, dass sie im Stande ist nach Erforderniss den Eleven vollständige Pension bieten zu können. Der Vorstand und die ständigen Lehrer müssen in der Schule selbst wohnen und die Beaufsichtigung der Pensionäre führen. Die Cassenverwaltung der Schulen fällt mit derjenigen des Vereines zusammen. Der Director der Schule hat desshalb mit dem Vereine Abrechnung zu halten. Einer Ueberfüllung der Schulen wird am besten dadurch vorgebeugt werden, dass bei Prüfung der Vorbedingungen zur Aufnahme streng verfahren wird. Bedingungen für die Aufnahme sind:

1) Für die männlichen Aspiranten das zurückgelegte 16. Jahr, für die weiblichen das zurückgelegte 14. Jahr.

2) Die männlichen Aspiranten sollen die Vorbildung eines Gymnasiums genossen haben.

3) Wohlgestalt, ausdrucksvolle Physiognomie und bildungsfähiges Organ sind die Naturbedingungen für die Schauspielkunst; müssen also wohl in Betracht gezogen werden. (Selbstverständlich können auch hier Ausnahmen constatirt werden, wenn ausserordentliches Darstellungstalent den Mangel irgend einer dieser Forderungen einigermaassen zu ersetzen verspricht, was besonders bei überwiegender humoristischer Begabung der Fall sein kann).

Jeder Eleve kann während des ersten Vierteljahres wieder entlassen werden, wenn sich seine Untauglichkeit für den gewählten Beruf herausstellt. Zu einer solchen Entlassung ist von dem Director der Antrag zu stellen und dann das Gutachten des ganzen Lehrkörpers darüber einzuholen.

Indem ich nun auf die in den Theaterschulen zu lehrenden Gegenstände übergehe, halte ich es für angemessen meine Ansicht über die wissenschaftliche Vertiefung der Kunst überhaupt und aus dieser die Behandlung der verschiedenen Gegenstände darzulegen.

Es fällt mir nicht ein den freien Genius des Künstlers in die spanischen Stiefeln todter Gelehrsamkeit einschnüren zu wollen, er soll im Gegentheil entfesselt werden; die Bande der nur natürlichen Anlagen sollen vertauscht werden mit der geistigen Freiheit: der Geist soll seinen Triumph feiern über die Materie, oder — was dasselbe sagen will — jener Dualismus von Geist und Materie, der uns noch so heillos verwirrt, soll aufgehoben werden. Es war von jeher die Aufgabe der Kunst, zu versöhnen. In unserer Zeit, welche die Gegensätze von Ideal und Wirklichkeit so schroff hervortreten lässt, tritt die Mahnung dringender als je an die Kunst heran, ihre Sendung zu erfüllen. Das kann sie aber nur, wenn die Künstler von ihrer Aufgabe durchdrungen sind, nicht wenn sie, wie heute, nur nach der Schablone arbeiten. Dieses Bewusstsein zu stärken, zu heben wird die Aufgabe der Schule sein. Keine Gelehrten und pedantische Kleinigkeitskrämer soll sie erziehen, sondern Menschen, Menschen, die sich ihrer Würde bewusst sind; klares, folgewichtiges Denken soll sie ausbilden und das künstlerische Material bewältigen lernen. Es fürchte keiner, dass der kühne Flug der künstlerischen Kraft durch eine systematische Vorbildung verkümmert werde; die Vorstudien und Vorbereitungen für die Kunst sind, wie Rötscher sagt, nur das Gerüste, welches später abgebrochen wird, um das Gebäude der Kunst als ein schönes Ganzes anschauen und sich darin geniessen zu können — ohne dieses Gerüste kann aber überhaupt kein Gebäude aufgebaut werden.

Wenn ich von dem dramatischen Künstler verlange, dass er sich vor dem Eintritt in die Vorbereitungsschule mit den Elementen der allgemeinen Bildung, wie sie das Gymnasium fördern soll, bereits ausgerüstet habe, und dann doch in der Schauspielerschule wieder auf ihre Cultivirung zurückkomme, so geschieht es in der Erinnerung an die Unzulänglichkeit dessen, was die Meisten, die ihre Studien nicht aus Beruf, sondern nur zur Erlangung irgend einer Existenz betrieben, aus solchen Schulen mitbringen. So lange in die Schulen selbst nicht ein anderer Geist einkehrt; so lange die Schule den Schülern nur als ein Zwang erscheint und die Methode des Lehrens nicht so weit geläutert ist, dass sie auf Freiheit und Selbständigkeit der Lernenden fusst, so lange wird die Schule keine anderen Resultate liefern als wir bis jetzt wahrnehmen. Wer heute noch etwas mehr als einige positive Kenntnisse aus denselben mitbringt, hätte sich dieses auch ohne die Schule erworben, die sonst nur sogenannte Vielwisser oder vollkommene Ignoranten entlässt. Das, was uns eigentlich zu Menschen macht, das lebendige Wissen, die Durchdringung von Ideal und Wirklichkeit, findet keine Pflege, selbst nicht auf den höheren Schulen. Dass dieselben also für die Entwickelung eines Künstlers nicht geeignet sind, das beweist die Erfahrung genügend. — Was soll der Künstler auch mit der todten Gelehrsamkeit, er, der die Welt nur in der höchsten Lebensäusserung schauen soll! — Wo wir einer bedeutenden Künstlernatur begegnen, können wir uns überzeugen, dass sie nur der Energie, mit welcher sie sich von dem Hergebrachten losriss, ihre volle Entwickelung verdankt. Auch unsere Musik- und Maleracademieen leiden an derselben Unzulänglichkeit. Wir werden uns also bei der Gründung von Theaterschulen die gemachten Erfahrungen zu Nutze machen müssen, denn es ist nichts weniger meine Absicht, als die Zahl solcher verfehlten Unternehmungen zu vermehren.

Wo die Künstlerschule positives Wissen verlangt, wird sie vorher zeigen müssen, wie dasselbe nur zur Entwickelung irgend einer höheren Erkenntniss nothwendig ist. Dieses Bedürfniss wird sich bei denjenigen um so dringender herausstellen, die mit wahrhaftigem Künstlerberuf herantreten. Die lebhafte Phantasie des Künstlers will nicht unterdrückt, sie darf nur geläutert werden. Ich erinnere an den Bildungsgang verschiedener grosser Künstler und man wird verstehen, was ich damit meine. Was haben ein Leonardo da Vinci, Michel Angelo, Carstens, Cornelius u. a. für einen reichen Bildungsgang durchgemacht, wie wussten sie die Schätze des positiven Wissens zur lebendigen Anschauung zu verarbeiten. An uns ist es aber, aus dem Lebenslauf und den Bekenntnissen solcher Männer zu lernen, wo es gilt für Heranbildung eines edlen, sinnigen Geschlechtes zu sorgen.

So sehr unsere Zeit in den materiellen Bestrebungen befangen scheint, so sehr hat sie doch das Bedürfniss aus dieser Nüchternheit herauszukommen, so sehr sucht sie nach einem Gegengewicht für den alles nivellirenden Verstand unserer Zeit.

Wenn ich also bei der Organisation der Schauspielerschulen daran denke, das allgemeine Interesse für dieselben zu erwecken, wenn ich darnach strebe sie in engere Verbindung mit dem Publicum zu bringen, sie nicht ausschliesslich für den Schauspieler beanspruche, sondern darauf hinweise, dass gar Manches, was speciell dem Schauspieler Noth thut, auch jedem Einzelnen, der sich seiner Menschennatur vollkommen gemäss entwickeln will, erspriesslich ist, so glaube ich wirklich einem Zeitbedürfnisse zu genügen und zugleich den einzigen Weg gefunden zu haben, der zu einer gründlichen Regeneration der Kunst überhaupt führen kann.

Die Zeit ist einer solchen Erhebung günstig; wenn sie auch noch auf ihren Perikles wartet, so ist ihr doch nach Consolidirung der politischen Verhältnisse ganz bestimmt der Weg gewiesen nach Vervollkommnung der Kunst und nach der Veredelung des geistigen Lebens.

Die Vereinigung der Künstler und der Kunstverständigen zu diesem Zwecke wird erspriesslich sein zur Lenkung des allgemeinen Willens, aus ihr werden auch die bedeutenden einzelnen Persönlichkeiten hervorgehen können, welche immer die Blüthe eines Volkes darstellen.

IX.

Nachdem ich mich in meinem vorigen Artikel über die Behandlung der in den Theaterschulen zu lehrenden Gegenstände ausgesprochen, kann ich mich über den Lehrplan selbst kurz fassen. Es ist nicht meine Absicht einen ängstlich ausgearbeiteten Plan zu geben, an dem in keinem Falle gerüttelt werden darf; ich will vielmehr nur die Grundzüge für das Unternehmen geben und die weitere Ausarbeitung dem praktischen Bedürfniss überlassen. Worauf es mir vor Allem ankommt, ist von der Nothwendigkeit einer Organisation in meinem Sinne zu überzeugen und dafür vorzüglich in den Künstlerkreisen zu wirken. Die hier gegebene Basis freilich muss als unverrückbar anerkannt werden, wenn der weitere Ausbau gelingen soll; alles Andere kann dann getrost der Praxis überlassen werden. —

Jeder Aspirant der Theaterschule muss sich

vor seiner Aufnahme einer Prüfung seiner Fähigkeiten unterziehen; je nach den Vorkenntnissen und der Entwicklung der künstlerischen Anlagen des Eleven wird sich die Zeit zu seiner Ausbildung von zwei bis auf vier Jahre erstrecken.

Dem entsprechend wird die Schule aus vier Abtheilungen bestehen.

Die erste und zweite Abtheilung werden als Vorschule zu betrachten sein und sich vorzüglich mit dem Elementarunterricht befassen. Diese beiden Abtheilungen werden auch den allgemeinen Cursus für Rhetorik und ästhetische Gymnastik enthalten, wie ich ihn für die vollkommene Ausbildung der Jugend überhaupt als nothwendig gefordert habe, und der also jedermann zugänglich sein soll, um einem Mangel aller unserer Schulen abzuhelfen.

Die dritte und vierte Abtheilung setzen das in den beiden ersten Abtheilungen gelehrte positive Wissen bereits voraus und beschäftigen sich mehr mit der künstlerischen Verwerthung desselben. Dass heisst aber nicht, dass die erste und zweite Abtheilung nur eine gewöhnliche Schule sein soll, die ausser allem Zusammenhange mit der Kunst steht. Das Weitere wird als Erläuterung dazu dienen.

I. Abtheilung.*)

1. Die deutsche Sprache.

Mit der Kenntniss der deutschen Grammatik Hand in Hand:
- a. Regulirung der Aussprache.
- b. Die Schönheit der Aussprache und die Bedeutsamkeit der Vokale und Consonanten.
- c. Sylbe, Wort, Satz.
- d. Die Gesetze des logischen Accentes.

2. Ausbildung des Tones.
- a. Höhe und Tiefe.
- b. Portament und Volubilität.
- c. Richtiges Athemholen.
- d. Der symbolische Accent.

3. Der Rhythmus.
- a. Der Rhythmus der Prosa.
- b. Der Rhythmus der Poesie.

4. Pädagogische Gymnastik.
- a. Ausbildung der einzelnen Theile des Körpers.
- b. Fecht- und Tanzübungen.

---

*) Ich schliesse mich hier Th. Rötschers System der dramatischen Darstellung an, wie ich es für die dramatischen Schulen angewendet wissen will.

5. Die ästhetische Gymnastik.
a. Der Körper als Ganzes.
b. Die Anmuth und der Adel der Bewegung.
c. Die Geberde; die unwillkürliche, die willkürliche und die symbolische Geberde.

6. Die Mimik.
a. Das Auge, der Mund.
b. Physiognomische Betrachtungen.

7. Aesthetik.
Die Gesetze der Aesthetik in ihrer Anwendung auf die Sprache und die Geberde.

8. Geschichte.
a. Weltgeschichte.
b. Literatur- und Theatergeschichte.
c. Mythologie.
a. und b. bis zur neuen Zeit; c. ein kurzer Ueberblick der Mythologie aller Völker.

9. Fremde Sprachen.
a. Italienisch für die Sänger.
b. Die Idiome der lebenden Sprachen.
c. Französisch.

10. Musik und Gesang.
a. Für die Schauspiel-Eleven sind die Musik und der Gesang insofern förderlich als sie zur Ausbildung des Gefühls für

den Rhythmus der Sprache dienen und das Bewusstsein der Modulation des Tones wecken.

b. Uebungen im Melodramsprechen.

Was speciell den Gesangsunterricht für die Operneleven dieser Abtheilung betrifft, so verweise ich deshalb zur Vermeidung von Wiederholungen auf die von Yourij von Arnold in seinem Aufsatze über Schulen für musikalische Kunst gestellten Anforderungen, in soweit sie den Opernsänger betreffen, und bemerke nur noch, dass die aufgeführten Puncte meines Programmes im Uebrigen ebenso für die Opern- wie für die Schauspieleleven gelten.

II. Abtheilung.

1. Die deutsche Sprache.

a. Die Gesetze der Wort- und Satzfügung.

b. Die Verslehre.

2. Der dichterische Vortrag.

a. Der didaktische Vortrag (Rhetorik).

b. Der epische Vortrag.

c. Der lyrische Vortrag.

3. Aesthetische Gymnastik. (S. 1. Abth.)

a. Die Verbindung der Geberden.

b. Uebungen, wie man sich bei den Vorkommnissen des täglichen Lebens zu benehmen hat. (Tournüre.)
c. Mimik und Pantomimik.

4. Aesthetik. (S. 1. Abth.)

Ihre Bedeutung in der Natur und in der Kunst, speciell in der Schauspielkunst.

5. Geschichte.
a. Weltgeschichte. (Neue Zeit.)
b. Literatur- und Theatergeschichte. (Neue Zeit).
c. Römische und griechische Mythologie.

6. Fremde Sprachen. (S. 1. Abth.)
7. Musik und Gesang. (S. 1. Abth.)

III. Abtheilung.

1. Die deutsche Sprache.
a. Der Periodenbau.
b. Die Verslehre.
c. Der ethische Accent.

2. Der dichterische Vortrag.
a. b. u. c. siehe 2. Abth.
d. Der dramatische Vortrag.

3. Die körperliche Beredsamkeit.
a. Die Bedeutsamkeit der Geberde als Prinzip der dramatischen Darstellung.

b. Die Versinnlichung der Affecte.
c. Die Durchdringung von Wort u. Geberde.
4. Aesthetik. (S. 2. Abth.)
5. Geschichte.
a. Englische, französische und spanische Literatur.
b. Besondere Berücksichtigung des culturhistorischen und biographischen Momentes.
c. Römische, griechische und nordische Mythologie.
6. Musik und Gesang.

Siehe Yourij v. Arnold über Schulen für musikalische Kunst, 3. Jahrg.

7. Psychologie.
a. Darstellung der Seelenzustände; ihre wissenschaftliche Behandlung.
b. Die anthropologischen Bestimmtheiten u. Zustände in ihrer Bedeutung für die dramatische Kunst.
8. Praktische Ausführungen auf der Bühne.

IV. Abtheilung.

1. Psychologie.
a. Die psychologischen Zustände des praktischen Geistes.

b. Kreis der Neigungen und Abneigungen.
2. Die Charakterdarstellung.
a. Die Charaktermaske.
b. Das Gesetz des Costüms und der sinnlichen Erscheinung.
c. Der Grundton.
d. Die Durchführung des Charakters.
3. Literaturgeschichte.

Analyse bedeutender Dramen in Bezug auf die Darstellung.

4. Aufführungen auf der Bühne.

Tanz- und Fechtübungen sind für alle 4 Abtheilungen selbstverständlich und soll den Eleven auch der Reitunterricht zugänglich gemacht werden. Was Musik und Gesang anbelangt müsste ich nur in diesen Blättern ausführlich Besprochenes wiederholen und verweise deshalb auf die betreffenden Punkte in Yourij v. Arnold's „Musikschulen".

Nach diesem in absichtlicher Kürze gegebenen Programme erübrigt mir nur eine kurze Motivirung, womit ich meinen längeren Artikel zu schliessen gedenke.

X.

Nach dem, was ich bereits über die Nothwendigkeit der Theaterschulen gesagt habe, bleibt mir nur wenig mehr zur Motivirung meines Schulprogrammes hinzuzufügen übrig.

Wie aus dem Programme ersichtlich, ist der Theaterschule der Charakter einer Kunstschule vollständig gewahrt und unterscheidet sie sich von den gewöhnlichen Bildungsanstalten für Künstler nur durch gründliches Festhalten an der wissenschaftlichen Basis. Wie ich schon früher bemerkt habe, wird die Lebensfähigkeit der Anstalt vorzüglich von der lebendigen Lehrmethode abhängen, die sich von der gewöhnlichen Schulmeisterei wohl unterscheiden muss. Ich weiss nicht, ob das Programm selbst schon einen Einblick in die Methode gestattet, und so scheinen mir einige kurze Andeutungen darüber durchaus nicht überflüssig.

Lebendige Anschauung und geistige Erfassung

sollen sich durchdringen. In allen Fällen soll vom Allgemeinen auf das Besondere übergegangen werden. Ursache und Wirkung, Gesetzmässigkeit und Freiheit, wie sie überall wirken und schaffen, sollen zum Bewusstsein gebracht werden. Alle Erkenntnisse und gemachten Erfahrungen sollen wieder in engste Beziehung gebracht werden zur Praxis der Bühnendarstellung.

Keiner der Lehrgegenstände soll für sich selbst besondere Wichtigkeit beanspruchen, sondern jeder soll durch seinen Zusammenhang mit allen Uebrigen sein besonderes Interesse erhalten. Alles, was gelehrt wird, muss als unentbehrliches Mittel zur Erreichung des höchsten Zweckes, alles muss im Lichte des Lebens erscheinen: und Leben ist Bewusstsein!

Bis das Bedürfniss zu dem Zwecke der Schauspielerschulen für die verschiedenen Lehrgegenstände die entsprechenden Leitfäden hervorbringt, wird es Aufgabe der Lehrer und vorzüglich des leitenden Directors sein, den Unterricht mit Benutzung der vorhandenen Lehrbücher in dem angedeuteten Sinne zu führen. Ich erinnere an das, was ich darüber bereits in der Einleitung dieses Aufsatzes ausgesprochen, wo ich den Unterricht in dialogischer Form und vor Allem Uebersichtlichkeit des zu verarbeitenden Stoffes als Hauptbedingung forderte; überall soll der innere Zusammenhang der verschiedenen Theile des Unterrichts dargestellt werden. Nur auf diese Art werden wir eine dem Künstlergemüthe entsprechende Lehrmethode erhalten, die eben so sehr die belebende Phantasie beflügelt, wie sie dieselbe durch die Schule des logischen Denkens künstlerisch zügelt und läutert.

Bei Betrachtung des Programms wird es ersichtlich wie sich die einzelnen Lehrgegenstände gegenseitig decken, wie von dem Einfachen zu dem Zusammengesetzten übergegangen wird. Wenn ich z. B. verlange, dass Sprache, Geberde, ästhetische Erscheinung beider, geschichtliche Entwickelung des Menschengeschlechtes in ihrem logischen Zusammenhange gezeigt werden, so dringe ich nur auf die wahre philosophische Vertiefung, die unser Geschlecht erziehen und bilden kann.

Ich behalte mir vor, auf die Behandlung der einzelnen Lehrgegenstände und die zu wählenden Hülfsbücher für Theaterschulen in einem besonderen Artikel zurückzukommen.

Was die Theilnahme der Jugend beider Geschlechter an dem Unterricht der ersten und zweiten Abtheilung zur Ausbildung und Veredlung der Muttersprache und der Kunst der Beredsamkeit, sowie zur Uebung der Regeln des Anstandes, der ästhetischen Ausbildung des menschlichen Körpers anbelangt, so ist die Erfüllung dieser Forderung von grosser Tragweite. Wir befinden uns damit auf dem Wege zur wahren Freiheit und Gleichheit, die der Menschheit nicht durch Gewaltacte, aber wohl durch die Mittel allseitiger Bildung errungen werden können. Natürlich kommt es auch hier darauf an, dass nicht todte Formen mühsam aufgerichtet werden, sondern dass der Jugend klar gemacht wird, wie der Inhalt, das Wesen die Form erfüllen muss, um sie lebendig zu machen; das ist ja vornehmlich der Punct, wohin alle meine Vorschläge drängen. Wenn erst die Jugend überhaupt, abgesehen von denen, die sich speciell der Bühne widmen wollen, Sinn und Verständniss für das Schöne, Gute und Wahre, wie es in der Welt und der Menschheit wirkt und schafft, erhält, dann wird auch für die Kunst der Bühnendarstellung der neue Morgen anbrechen. Der so Gebildete wird Anforderungen stellen, die der Künstler wird erfüllen müssen, wie ja auch auf dem täglichen Markte die Nachfrage das Angebot steigert; was das Bedürfniss verlangt, wird eben auf den Markt gebracht.

Man sieht also, dass es eine tiefgehende

Forderung ist, die ich hier stelle und dass die Rückwirkung auf die Kunst nicht ausbleiben kann. Die Zeit, welche heute unsre mangelhaften Turnanstalten in Anspruch nehmen, kann schon für den Cursus der Rhetorik und Aesthetik in meinem Sinne verwandt werden, da er ja das eigentliche Turnen nicht ausschliesst, und ausserdem wird der Geschmack an der Speise schon selbst den Appetit steigern. Davor ist mir nicht bange, dass die Jugend eine Schule, wie ich sie meine, nicht mit Vorliebe und mit Nutzen besuchen werde. Ich sehe darin ein nothwendiges Gegengewicht für den einseitigen Realismus unserer Zeit, der uns mit Elle und Kreide und Zündnadel tyrannisirt, der uns flach und unbedeutend macht und höchstens Ecken und Kanten zum Vorschein bringt. Ich verkenne durchaus nicht den Fortschritt, den die Menschheit auch in ihrem gegenwärtigen Stadium darstellt, indem sie die Kräfte der Natur zu erkennen und zu bewältigen sich müht; sie muss aber auch wieder etwas von der verlorenen Naivität, von der schwunghaften Idealität gewinnen, die Ruhe im Schaffen, die Einfachheit im Geniessen muss wiedergefunden werden: heute rast die Menschheit in wildem Galopp dahin, dass man glaubt der grosse Kehraus der Menschheit würde bereits aufgespielt. Das ist aber bei der bekannten Zähigkeit des Menschengeschlechtes noch nicht zu fürchten. Wir haben uns nur vor Einseitigkeit zu hüten, die stets auf Abwege führt, wie uns die Productionen unserer gegenwärtigen Kunst zeigen. Da tritt alles kalt, berechnend auf, selbst die grössten Effecte lassen nur den Eindruck geschickter Berechnung zurück, im besten Falle bekommen wir die Wahrheit auf Kosten der Schönheit; nicht die Wirkung ist es, die uns bleibt, sondern das Vergnügen an dem Raffinement, welches so überraschende Wirkungen hervorbringt. Bewundernswerth ist diese Kunst oft, aber auch zu bedauern, dass so bedeutende Kräfte nicht in den Dienst des Ewigen treten, dass sie sich zersplittern in nutzloser Arbeit.

Speciell die Bühnenkunst betreffend, so ist die individuelle Disposition Alles; das Individuum drängt sich auf, die dichterischen Gestalten werden in dasselbe hineingezwängt, es verhält sich ihnen gegenüber spröde. Man will glänzen und geschähe es auch durch einen Gewaltact; für den modernen Schauspieler giebt es keine individuellen Grenzen: der calculirende Verstand muss Alles ersetzen und nur er muss brilliren. So ist die Schauspielkunst ein würdiger Spiegel der Zeit —

es fehlt ihr alle höhere Temperatur; den besten Schauspielern gegenüber können wir oft nur das zweideutige Lob aussprechen: gut Comödie gespielt! Dabei habe ich freilich nur die hervorragenden Künstler im Auge, denn was das Gros dieser Kunst betrifft, so fehlt ihm alle Vertiefung durch geistige Arbeit und Bildung, es folgt nur seiner subjectiven Erregtheit; die Objectivität einer stufenmässigen Bildung für seine Kunst kennt es gar nicht.

Man könnte nun fragen: Wenn die Schauspieler der Spiegel der Zeit sind, wie können wir denn in unserer Zeit andere Schauspieler verlangen?

Darauf erwiedere ich, dass viele und bedeutende Männer mit mir ein Bedürfniss dafür empfinden, dass es anders werde; es ist oft und laut genug ausgesprochen worden. Auch ein nicht zu verachtender Theil des grossen Publicums fühlt den Katzenjammer über den gegenwärtigen Zustand des Theaters. Das mag genügen, um das Unternehmen einer Reform zu rechtfertigen. Auch in Hinsicht auf die historische Entwickelung sind wir berechtigt, die Zeit für eine Wendung zum Besserem reif zu finden.

Als die Schauspielkunst zu Ende des vorigen

Jahrhunderts durch die Künstler zu Ehren gekommen war, als sie mit dem Aufgang des neuen Jahrhunderts durch die Blüthe der Literatur in Glanz und Ansehen kam, so dass die Productionen der Bühne ein tägliches Bedürfniss wurden, da war es natürlich, dass die gesellschaftlichen Verhältnisse der Schauspieler sich solider und inniger gestalteten. Das Publicum wollte den Helden der Bühne auch im Leben näher stehen, es wollte sich an ihnen erfreuen, mit ihnen gross thuen, und dazu war es nothwendig, dass die äusseren Verhältnisse bleibender und einträglicher wurden. In diese Zeit fällt der Bau der meisten festen Schauspielhäuser; es beginnt ein erfolgreicher Kampf gegen die Vorurtheile, die auf den Bühnenkünstlern lasteten. Die Folge von diesen Veränderungen war das Herandrängen von Talenten, der grösseren Nachfrage und der höheren Notirungen wegen, und endlich ein Ueberwuchern der Mittelmässigkeit, weil die schul- und regellose Schauspielkunst nicht mehr so viel tüchtigen Nachwuchs liefern konnte, als das täglich mehr anwachsende Bedürfniss verlangte. So musste es kommen, dass das äussere Wohlbehagen die innere Erweiterung überwucherte und schliesslich — wie wir heute so laut beklagen müssen —

der Verfall des Theaters hereinbrach. So lange der Genius der Dichter den Aufschwung beflügelte, so lange der Reiz der Neuheit die Leistungen der Bühne anziehend machte, übersah man das Mangelhafte der Ausübung; der Schauspieler fühlte sich gehoben und getragen von der Gewalt der Dichtung und das Publicum nahm lebhaften Antheil daran: fand es ja doch auf den Brettern, die die Welt bedeuten, in ihren idealen Verhältnissen Ersatz für den Mangel eines grossen politischen Lebens. In dem Bestreben nach Befestigung der materiellen Bedingungen der Bühne übersah man ganz die andere Seite, die Forderungen für den inneren Ausbau. Dazu trat die Speculation, die sich des Theaters bemächtigte, die aus der Kunst ein Geschäft machte und den immer mehr eintretenden Mangel an bedeutenden Dichtern und Schauspielern durch äusseren Pomp und unerlaubte Effecte zu ersetzen suchte. Das grosse Publicum ist unmündig und nahm das, was ihm von zwar gewandten, aber ungebildeten Speculanten unter allerhöchster Protection geboten wurde, ebenso entgegenkommend auf, wie die lautersten Kunstbestrebungen! Die Presse that das Ihrige, um das Urtheil vollends zu corrumpiren.

Das ist ein trostloses Bild und man könnte auf den ersten Blick daran verzweifeln, dass hier so schnelle Hülfe möglich. Sieht man aber etwas genauer hin, so muss die Ueberzeugung Platz greifen, dass der Gang der Entwickelung nothwendig war und eine Wendung zum Besseren dem Bestehenden nicht so fern liegt. Die Emancipation nach Aussen musste, den der Schauspielkunst durch die Verhältnisse gegebenen Bedingungen gemäss, der Vertiefung nach Innen vorausgehen. Bis jetzt hat sich jene Kunst nach der Naturseite entwickelt: die Routine, und bei den bedeutenderen Schauspielern die Ausübung der technischen Fertigkeit herrschen. Dagegen treten aber die bedeutendsten Stimmen mit der strengen Forderung auf, die geistige Seite der Kunst zu vertiefen. Wenn man nun findet, dass die Kunst überhaupt eine Blüthe des Menschengeistes ist, so wird man weiter zu der Ueberzeugung kommen, dass sie sich diesem gemäss nicht wiederholen kann. Die geistigen Elemente, welche hier hinzutreten zu den vorausgegangenen, in ihrer Reihenfolge nothwendigen Schöpfungen des Menschengeistes, müssen etwas Fortgeschrittenes, höher Entwickeltes hervorbringen. Dass diese günstigen Elemente in genügender Kraft vorhanden sind, ist bereits durch viele Zeichen der Zeit bewiesen, und unter diesen halte ich auch meinen Aufruf an die Schauspieler, zur Constituirung des von mir organisirten Schauspielervereines und die in ihrem Gefolge stehenden Theaterschulen, für ein solches Zeichen.

Weder der noch bestehende Theaterschwindel, noch die gerade jetzt wieder erwachte Theilnahme unseres Volkes am politischen Leben sind ein Hinderniss für die Reorganisation der Bühne; sie werden nur zu Faktoren für die Neugestaltung. An einzelnen grossen Künstlern ist unsere Zeit arm, aber im Ganzen steht das Niveau des geistigen Lebens höher; wir werden ein empfindlicheres Gewissen vorfinden für die Ermahnungen der weltlichen Seelsorger.

Die Zeit, sie kreist, sie will ein grosses einiges Volk gebären: dann wird sie ihm auch die Blüthe der Kunst nicht vorenthalten! —

Schliesslich wende ich mich nochmals an die Schauspieler mit der Mahnung, ihre Sache unverdrossen und muthig in die Hand zu nehmen. Ich selbst werde ihren Bestrebungen auch ferner folgen und wünsche nur, dass es mir gelungen sein möchte, von der Nothwendigkeit meiner Forderungen und von der Möglichkeit der Ausführung derselben zu überzeugen. Ich werde in diesen Blättern noch öfter Anlass nehmen, darauf zurückzukommen und hoffe auch bald praktische Resultate berichten zu können.

An die Vertreter der Presse, von deren Theilnahme zum grossen Theil der rasche Erfolg der Sache abhängt, wende ich mich noch besonders um Unterstützung der angeregten Bewegung, um weitere Verbreitung derselben im Publicum. Sehr förderlich würde es sein, wenn die Theaterfrage auch in anderen Organen erörtert würde; die belebende Wechselwirkung wird dann gewiss nicht ausbleiben. Möchte dieser edlen Pflicht genügt werden!

Leipzig.
Druck von A. Th. Engelhardt.